Instruktion für die

Infanterie – Regimenter
und
Füsilier-Bataillons

vom 12. März 1790

herausgegeben von Jörg Titze

Instruktion

für die

Infanterie - Regimenter

und

Füsilier-Bataillons

betreffend

die Mannszucht

und Ordnung im Felde.

De Dato Berlin, den 12 Martii 1790.

Gedruckt bey G. J. Decker und Sohn,
Königl. Geh. Oberhofbuchdruckern.

Faksimile der Titelseite

Instruktion

für die

Infanterie – Regimenter
und
Füsilier-Bataillons

betreffend

die Mannszucht
und Ordnung im Felde

––––––––––

De Dato Berlin, den 12. Martii 1790

Gedruckt bey George Jacob Decker und Sohn
Königl. Geh. Oberhofbuchdruckern.

Bibliographische Information der Deutschen Biliothek

Die Deutsche Bibliothek verzeichnet diese Publikation in der Deutschen Nationalbibliographie; detaillierte bibliographische Daten sind im Internet über http://dnb.ddb.de abrufbar.

Die Deutsche Bibliothek – CIP – Einheitsaufnahme

Jörg Titze (Hrsg.)

Instruction für die Infanterie – Regimenter und Füsilier-Bataillons betreffend die Mannszucht und Ordnung im Felde vom 12. März 1790

Herstellung und Verlag: Books on Demand GmbH, Norderstedt, 2012

ISBN 978-3-8482-5334-0

Herstellung und Verlag:
Books on Demand GmbH, Norderstedt

In Freundes und Feindes Land muß auf die strengste Mannszucht und Ordnung gehalten werden. Beydes ist sowohl für die Ehre als auch für die Conservation der Armee nothwendig. Ein elender Marodeur verdirbt und verheeret auf eine unmenschliche Weise mehr als zehn gute tüchtige Soldaten zu ihrem Unterhalt brauchen; und da nur der schlechte Soldat plündert, so ist es hart, wenn der gute durch ihn leiden soll. Ueberdem wird durch Plünderung und Excesse der Landmann entfernt; es wird nichts zum Verkauf gebracht, und der gute Soldat, und besonders der, so im Lager steht, leidet am Ende Noth.

Aus diesem Gesichtspunkte muß jeder ehrliebende Soldat und Officier Mannszucht und Ordnung als unentbehrlich ansehen. Deswegen ordnen und befehlen Seine Königliche Majestät zum Wohl und zur Ehre Dero Truppen folgendes.

§. 1.

Was die Ordnung auf den Märschen anbelangt, so wollen Seine Königliche Majestät die Regimenter und Bataillons auf den 10ten Theil, sowohl des Infanterie- als Füsilier-Reglements, und dessen 2ten Titel verweisen, und tragen Dero sämtlichen Generals hiermit auf, besonders über die pünktliche Beobachtung des 3ten Artikels zu wachen, und soll in jeden Contravetions-Fall der Commandeur des Regiments oder Füsilier-Bataillons dafür haften.

§. 2.

Jeder einzelne auf dem Marsche oder in einem Dorf ohne Unterofficier oder Schütze betroffene Soldat soll sofort arretirt, und an den commandirenden General gemeldet werden, der alsdann den Commandeur des Regiments in Arrest setzen wird.

§. 3.

Kömmt aber Klage wegen Plünderung oder Excesse, und das Regiment, so solche gemacht, kann ausfindig gemacht werden, so wird der Schaden von der General-Kriegs-Casse gleich bezahlt, dem Regiment abgezogen, und der Commandeur desselben auf acht Tage, auch, wenn der Exceß grösser, auf längere Zeit, in Arrest gesetzt. Dieser muß seinen Regreß am schuldigen Theil nehmen.

§. 4.

Ein Soldat, der sich an eine Sauvegarde vergreift, wird ohne Gnade arquebusirt. Sollte es aber möglich seyn, daß wider alles Vermuthen sich selbst ein Officier so weit vergessen könnte, eine Sauvegarde zu mißhandeln, so wollen Seine Königliche Majestät einen solchen Officier ohne weitere Umstände cassiren, weil eine Sauvegarde wie Seiner. Königlichen Majestät Allerhöchste Person selbst respectiret werden muß. Auch wir hiermit Jedermann, es sey Officier, Unter-Officier oder Gemeiner, an das Recht erinnert, welches ein jeder Sauvegardist von jeher gehabt, und wobey Seine Majestät ihn mainteniren wollen, einen jeden, der sich an ihn vergreift, auf der Stelle auf den Kopf zu schießen, oder über den Haufen zu stoßen.

§. 5.

Da Se. Königliche Majestät wahrgenommen, daß in Campagne gemeiniglich durch Weiber und Knechte die mehresten Excesse geschehen; so werden Allerhöchstdieselben sowohl in Feindes als auch in Höchstdero eignen Ländern aller Orten, wo Ihre Truppen marschiren, durch Manifeste bekannt machen lassen, daß wer ein Weib oder Knecht, welche irgendwo geplündert, gebunden im Haupt-Quartier abliefert, sogleich 10 Rthlr. dafür erhalten soll; welches dem Regimente, wozu das Weib oder der Knecht gehöret, abgezogen wird. Ist es ein Regiments-Artillerie-Knecht, so wird das Geld dem Regiment, ist es aber ein Artillerie-Batterie- oder Train-Knecht, so wird solches dem Artillerie-Regiment, worunter er gehört, abgezogen, und dies macht ausfindig, wer es zu erstatten hat. Ist das Weib oder der Knecht vom Proviant-Fuhrwesen, so bezahlt es der Director, und dieser kann sich sodann weiter an seine Untergebene halten.

§. 6.

Alle Officier-Knechte von den Regimentern und Bataillons, ja überhaupt alle Knechte müssen eine gewisse, dem Regiment, Bataillon oder Corps eigene Mondirung tragen.

§. 7.

Per Compagnie sollen nicht mehr als 6 bis 7 Weiber mit ins Feld genommen werden. Der Commandeur des Regiments oder Füsilier Bataillons hält eine namentliche Liste davon. Wird ein zum Regiment gehöriges Weib, welches nicht auf der Liste des Commandeurs stehet, arretiret, so muß derselbe sofort den Capitain oder Commandeur der Compagnie, wenn er darum gewußt, in Arrest setzen. Das Weib wird aber durch den Profoß aus dem Regimente gepeitscht.

§. 8.

Seine Majestät der König lassen die Regimenter und Bataillons avertiren, daß die Cavallerie während des Marsches beständig rechts und links der Colonnen, besondere Policey-Patrouillen, von ganz zuverläßigen ausgesuchten Leuten schicken wird, um alle Dörfer durchzusuchen, die zur Seite liegen. Diese werden, wenn sie Knechte, Weiber oder Soldaten, unter welchem Vorwande es sey, einzeln in den Dörfern finden, selbige sogleich arretiren, und ins Haupt-Quartiere abliefern.

Officier-Bediente zu Pferde und von denen die Einwohner versichern, dass sie nicht die geringste Excesse gemacht, sondern blos Sachen oder Victualien zu kaufen gesucht, sind hiervon ausgenommen.

Eine solche Cavallerie-Patrouille wird besonders bey der Arrier-Garde statt haben, ganz hinten bleiben, alle Dörfer von Traineurs reinigen, und Niemanden, unter welchem Vorwand es sey, hinter sich zurück lassen.

Außerdem wollen und befehlen aber Seine Königl. Majestät, daß die Regimenter und Bataillons annoch ihre Schützen zu dergleichen Particulair-Policey-Patrouillen, während des Marsches in der Nachbarschaft der Colonne gebrauchen sollen, denen derselbe Befehl ertheilt wird, vorzüglich aber hinter dem Regiment oder Bataillon, damit kein Traineur vom Regiment zurück bleibe. Jedoch müssen sich dergleichen Schützen Patrouillen nie zu weit von der Colonne entfernen, sondern immer ganz in der Nähe bleiben, besonders wenn der Feind nahe zu befürchten ist.

§. 9.

Kein Officier, wes Standes er sey, muß sich unterfangen, Knechte außer der Zeit zum Fouragiren auszuschicken. Dieserhalb werden besondere Patrouillen um das Lager geschickt werden, damit sie selbige arretiren, so wie auch alle Dörfer angewiesen werden sollen, dergleichen Leute, die einzeln auf den Feldern Getreide fouragiren, aufzugreifen, und gegen eine Belohnung abzuliefern.

Der Knecht, so arretirt wird, er gehöre wem er wolle, erhält sogleich im Haupt-Quartier 30 Prügel. Der Commandeur vom Regiment, Bataillon oder Batterie, kömmt 8 Tage in Arrest, und das Regiment bezahlt den Schaden, so der Knecht gethan hat.

§. 10.

Seine Königl. Majestät hoffen übrigens, daß Dero Generals der Armee hierin mit guten Beyspiel vorgehen, ihre Leute und Knechte, durch irgend jemanden, der die Aufsicht darüber hat, zusammen halten lassen, und nicht zugeben werden, daß solche einzeln herum laufen; viel weniger aber sich zu beschweren haben können, wenn einer von ihren Leuten und Knechten bey Uebertretung der befohlnen Ordnung ertappt, arretirt, und gleich den übrigen Knechten der Armee behandelt, und bestraft wird, welches vorzüglich von Fouragirungen zu verstehen ist, wo die Knechte der Generals ebenfalls auch in der Colonne bleiben, und nur ihren angewiesenen Platz abfouragiren.

Außer der Zeit werden alle einzelne Fourageurs, sie gehören, wem sie wollen, aufgegriffen, arretirt, und wie oben gesagt, bestraft werden.

§. 11

Um aber allen Excessen und Plünderungen der Weiber und Knechte möglich vorzubeugen, so soll bey der Bagage, dem Troß, und sämmtlichen Fuhrwesen, folgende Ordnung eingeführt, und unveränderlich bey strenger Ahndung beybehalten werden.

1) Tages vorher, ehe die Armee marschieren soll, geben allemal die Feldwebel dem Adjutanten des Regiments oder Bataillons eine Liste von dem Troß jeder Compagnie in zwey Abtheilungen.

1. Was beym Regiment ist.

2. Was bey der Bagage bleibt.

Der Adjutant zieht diese Listen zusammen, und giebt die erste dem Officier, der bey den Packpferden commandirt ist, die zweyte aber dem Officier, Auditeur, der die Bagage führet.

Bey schnellen Märschen, wobey nicht Zeit zu Formirung einer solchen Liste ist, gilt allemal die zuletzt angefertigte, und wird der Troß danach verlesen.

Nach diesen Listen verlieset sowohl der bey den Packpferden commandirte Officier, als auch der Auditeur, ersterer den Troß beim Regiment, letztere den Troß bey der Bagage, so oft sie abmarschieren, oder ins Lager rücken; auch jedesmal, wenn sie bey einem Dorfe nahe vorbey, oder durch dasselbe passiren.

2) Bey der Bagage bleibt nur das, was krank ist, würklich fähret, oder die Aufsicht dabey hat.

3) Beym Regiment hingegen bleiben die Commandeurs-Chaise, der Geldwagen und die Packpferde in der Ordnung, wie es im Regiment vorgeschrieben ist; welche Ordnung auch bey den Grenadier- und Füsilier-Bataillons beobachtet wird. Außerdem bleiben alle Fußgänger und Weiber, wie auch Knechte und Bediente bey der Colonne des Regiments, und wenn die Packpferde auf der einen Seite marschiren, so marschiren gedachte Fußgänger, Weiber und Knechte auf der anderen Seite unter der Anführung eines alten Unterofficiers.

Der Profos des Regiments bleibt dabey und wird von den Unterofficier gebraucht, die Weiber zusammen zu treiben, und in Ordnung zu halten.

Die Tête dieser Fußgänger Colonne muß niemals vor der Tête des Regiments oder Bataillons hinaus, neben das vordere Regiment gehen, sondern immer neben dem 1ten Zug bleiben.

4) Der Officier, welcher bey den Packpferden commandirt ist, als auch der Auditeur, der die Bagage führet, müssen fleißig nebenher auf und ab reiten, und sehr attent sein, dass nichts austritt. Im Contraventions-Fall aber haben beyde das Recht, jedem Knecht, der nur 100 Schritt von der Colonne

abwärts betroffen wird, sogleich 30 Prügel geben zu lassen.

5) Derjenige, so vom Regiments-Troß oder von der Bagage bey Durchpasrung eines Dorfs oder Stadt, ohne Erlaubniß in ein Haus gehet, bekömmt sofort 50 Prügel; hat er aber geplündert, oder Gewaltthätigkeiten begangen, so wird er gleich arretirt, und muß ohne weitere Umstände 12- bis 20mahl Spießruthen laufen; weshalb die Commandeurs der Regimenter und Bataillons, wenn sie durch ein Dorf marschiren, allemal Officier und Unter-Officier hinschicken sollen, die während des Durchmarsches und nachher auf plündernde Leute vigiliren.

6) Beym Einrücken ins Lager, meldet sich der bey den Packpferden commandirte Officier so wohl, als der Auditeur, beym Commandeur des Regiments, Grenadier- oder Füsilier-Bataillons, und rapportiren, daß entweder alles richtig, und keine Unordnung vorgefallen, oder daß einer bestraft und arretirt worden sey.

7) Hat der bey den Packpferden commandirte Officier, oder der Auditeur, der die Bagage führt, irgend einen Knecht, der schuldig befunden worden, befohlenermaßen bestrafen lassen, und dessen Herr, er sey auch wer er wolle, stellet ihn darüber zur Rede; so soll der Officier oder Auditeur solches sofort dem Commandeur melden, dieser aber denjenigen, der sich so ein ordnungswidriges Betragen zu Schulden kommen lassen, so gleich in Arrest setzen, und Seiner Königl. Majestät oder dem commandirenden General davon Anzeige thun, und wollen Se. Königl. Majestät ihn, als einen der sich wieder Ordre setzet, nach Befinden der Umstände, mit Vestungs-Arrest, auch

wohl, nach Beschaffenheit des Vergehens, mit Cassation bestrafen.

8) Wenn bey der Bagage ein Knecht seinen Wagen verläßt, oder stehen läßt, so daß der Vorderwagen schon 50 Schritt von ihm abgekommen, und der seinige nicht folgt, ohne daß er darthun könne, daß etwas daran zerbrochen, oder gerissen, so bekömmt er sogleich 50 Prügel. Hat er aber seinen Wagen beym Durchmarsch durch ein Dorf verlassen, um in ein Haus zu gehen, oder wohl gar zu plündern, so wird er arretirt, an Se. Königl. Majestät oder den commandirenden General gemeldet; alsdann er sechszehnmal Spießruthen läuft, und auf drey Jahr nach der nächsten Vestung geschickt wird.

9) Der Staabs-Officier, der bey der Bagage der Armee die Oberaufsicht hat, sorgt dafür, daß diese Ordnung in allen Stücken auf das allerpünktlichste beobachtet werde, und bey jedem Contraventions-Fall, den er selbst entdecket, hält er sich an den Auditeur, unter dessen Aufsicht der Contravenient war, und meldet ihn an den Commandeur des Regiments, damit derselbe ihn seiner Nachläßigkeit wegen in Arrest setze.

Denjenigen Auditeur, welcher sich öfters dergleichen Nachläßigkeiten zu Schulden kommen läßt, wollen Se. Königliche Majestät abgeschafft wissen, weil daraus zu schließen, daß er in seinen übrigen Dienstpflichten nicht minder nachläßig seyn werde.

10) Es versteht sich von selbst, daß wenn der Commandeur eines Regiments oder Bataillons, der eben auch darauf sehen muß, daß denen obigen Artikeln von dem bey der Colonne des Regiments oder Bataillons befindlichen Trosse, auf das aller-

genaueste nachgelebet werde, auf dem Marsch Contraventions-Fälle entdeckt, er sich gleichfalls außer der Bestrafung des Schuldigen annoch an den bey den Packpferden commandirten Officier halten, und ihn ohne Nachsicht in Arrest setzen muß. Der Commandeur des Regiments oder Bataillons aber haftet selbst bey Seiner Königl. Majestät für jeden Contraventions-Fall, wovon der Thäter, er sey Unter-Officier, Spielmann, Gemeiner, Bedienter, Knecht oder Weib, zu der Colonne des Regiments oder Bataillons, oder dem dabey befindlichen Troß gehöret.

Die Commandeurs der Regimenter und Bataillons aber müssen öfters die Liste ihres beym Regiment oder Bataillon habenden Trosses nachsehen, selbigen zu verringern suchen, und von Zeit zu Zeit das Unnöthige wegjagen.

11) Bedienten der Generals, Staabs-Officiers, Capitains, oder anderer Officiers, so entweder Jäger oder in Livree sind, sie mögen zu Pferde oder zu Fuß seyn, müssen sich gleichfalls nicht ohne Erlaubniß des bey der Bagage commandirten Staabs-Officiers, und ohne einen von ihm unterschriebenen Schein, von der Colonne der Bagage, wo die Wagen ihrer Herren fahren, entfernen, und sich überall der dabey befindlichen Ordnung genau unterwerfen.

Bediente, welche die Staabs-Officiers, Capitains, oder andere Officiers, es sey zu Pferde oder zu Fuß, auf dem Marsch bey sich haben wollen, gehören nicht in die Colonne der Packpferde, sondern auf die andere Seite, in die, wo die Weiber gehen, wie oben sub 3. gesagt.

12) Beym Fouragiren soll aber dieselbe Ordnung beobachtet werden, und wird es schlechterdings von den bey den Fourageurs commandierten Officiers gefordert, daß sie ihre Leute auf dem Marsch bis an den Ort der Fouragirung zusammen halten, und nicht zugeben, dass irgend einer abwärts in ein Dorf gehe, sondern es muß auch hier alles wie bey dem Marsch der Armee in der Colonne bleiben, und gilt auch hier alles das, was oben gesagt worden. Es muß aber niemand mitgelassen werden, der nicht würklich zur Fouragirung gehört, wofür die Commandeurs der Regimenter und Bataillons, die Batterie Commandeurs und Train-Befehlshaber, wie auch die Proviant- und andere Fuhrwesen-Train-Directores responsable seyn sollen.

13) Beym Fouragiren auf dem Felde wird nach dem Reglement strenge darauf gesehen, daß jeder auf dem ihm angewiesenen Platz nur fouragiere, sich aber schlechterdings unter keinem Vorwande unterstehe über die Chaine hinaus zu gehen.

14) Wenn in Dörfern fouragiret wird, so geschiehet solches in Scheunen, auf Böden und Oertern, wo Fourage liegt; in die Stuben der Landleute muß aber niemand gehen, auch überhaupt nichts als Fourage nehmen. Auf jede Plünderung stehen in jedem Fall oben benannte Strafen.

15) Entdeckt jemand Bier, Brodt, Mehl, Getreide, mehr Fourage als er mitnehmen kann, Gemüse, Schmalz, Butter und dergleichen, so zeigt er es dem Commissariat an, welches dem Regiment, von dem der Denunciant ist, einen gewissen Theil voraus giebt, und das andere repartirt.

16) Alles dieses wird auch beym Stroh,- Wasser- und Holzholen sorgfältig beobachtet, wovon unten ein Mehreres.

17) Alle vorstehende Artikel werden dem Troß eines jeden Regiments oder Bataillons beym Ausmarsch aus der Garnison durch den Auditeur des Regiments vorgelesen, und dieses den 1ten jeden Monaths wiederholt, damit sich keiner mit der Unwissenheit entschuldigen könne.

Alle Artillerie- Ponton- Bäckerey- Mehlwagen- Lazareth- und überhaupt alle Fuhrwesen-Train-Knechte, sind eben der Ordnung unterworfen, weshalb ihnen diese Artikel ebenfalls den 1ten jeden Monaths vorgelesen werden müssen. Die Batterie- und Train-Commandeurs sowohl, als die Proviant- und andere Fuhrwesen-Train-Officiers sollen auf deren Erfüllung aufs allerschärfste halten. Bey jedem Contraventions-Fall aber, den ein Staabs-Officier der Artillerie, oder ein Proviant-Fuhrwesen-Train-Director selbst entdeckt, halten sich selbige, außer den obbenannten Strafen des Schuldigen, annoch an den resp. Commandeur der Batterie, oder Train-Officiers der Fuhrwesen-Abtheilung, weil Seine Königliche Majestät hierin keine Entschuldigung annehmen, sondern sich schlechterdings an den commandirenden Staabs-Officier der Artillerie oder an den Fuhrwesen-Director, wo der Fall eintritt, halten wollen.

§. 12.

In Ansehung der im Lager zu beobachtenden Policey haben Seine Königl. Majestät Folgendes zu befehlen geruhet:

1) Es sollen von jedem Cavallerie-Regiment einige tüchtige Unter-Officiers und Gemeine ein für allemal zu Sauvegardisten ernannt werden. Wenn nun ein neues Lager gerückt werden soll, so läßt Tages vorher der General-Quartiermeister durch den Brigade-Major der Cavallerie, der eine Rolle von diesen Leuten führt, so viele davon commandiren, als er den anderen Morgen nöthig zu haben glaubt.

2) Diese Leute gehen mit den Fouriers, und Fourierschützen ihrer Regimenter zu der Avant-Garde und melden sich beym General-Quartiermeister.

3) Alle Dörfer rund ums Lager, und vorzüglich die hinter der Fronte, werden mit Sauvegarden besetzt; das Haupt-Quartier nicht ausgenommen.

4) Sobald die Avantgarde in die Gegend des Lagers kömmt, läßt der General-Quartiermeister zuerst die Dörfer, welche die Avantgarde passirt, mit Sauvegardisten besetzen; so auch die rechts und links liegen, endlich aber auch diejenigen Dörfer, die die Chaine der Vorposten umschließt, oder nahe vor der Front liegen.

Werden die Dörfer in der Chaine durch Truppen nachgehends besetzt, es sey an dem nemlichen oder folgenden Tage, so verlassen die Sauvegardisten das Dorf; worauf es den Commandeurs der Regimenter und Bataillons obliegt, für alle Excesse und Plünderungen zu stehen. Diese müssen aber der abgehenden Sauvegarde ein Attest geben, in welchem der Zustand ihnen das Dorf überliefert worden, und ob die Einwohner mit der Sauvegarde zufrieden gewesen.

In nicht besetzten Dörfern oder Städten fordern die abgehenden Sauvegarden ein solches Attest von der

Stadt- oder Dorf-Obrigkeit. Solches Attest müssen sie hiernächst dem General-Quartiermeister nebst dem Sauvegarde-Brief einhändigen.

5) Eine solche Sauvegarde kann nach Maaßgabe der Größe des Dorfs aus einem Unter-Officier und 1, 2 bis 3 Reutern bestehen.

6) Diese Sauvegardisten bleiben aber nicht in den Häusern, sondern patrouilliren wechselsweise beständig einzeln im Dorfe herum, um gleich bei der Hand zu seyn, und jeden Unfug augenblicklich zu steuern. Einzelne Leute, Weiber, Knechte dulden sie gar nicht im Dorfe, sondern arretiren sie sofort, und überliefern sie der nächsten Wacht. Sind es aber Officiers-Bediente, die etwas kaufen wollen, und einen Schein ihres Herrn vorzeigen, so gestatten sie ihnen solches zwar, beobachten sie aber, und bey dem geringsten Exceß lassen sie selbige gleichfalls durch die Bauern binden und nach dem Hauptquartier transportiren. Es ist auch der Sauvegarde ihre Pflicht, die Einwohner (zumal in Feindes Landen) möglichst zu ermuntern, daß sie Victualien nach dem Lager bringen, und kann allenfalls einer der Sauvergardisten diese Leute bis auf den nächsten Marktplatz am Lager begleiten.

7) Die Commandeurs der Bataillons, wenn die Dörfer mit Truppen besetzt sind so wohl, als die Unter-Officiere der Sauvegarden, wenn der der Fall nicht ist, sollen angewiesen werden, was sie den Holz- Stroh- und Wasserholenden gestatten können oder nicht.

8) Der General-Quartiermeister wird gleich nach einem gemachten Detaille jedem Regimente anweisen, in welchem Dorfe es nach Stroh, Holz, und

Wasser schicken soll, damit nicht so viele Leute in ein Dorf gehen, auch beym Abstecken des Lagers jeden Regiments-Quartiermeister davon avertiren lassen, damit, wenn die Regimenter einrücken, ein jedes gleich instruirt ist.

9) Von allen Regimentern denen ein Dorf angewiesen ist, wird durch den Brigade-Major, sogleich ein Staabs-Officier überhaupt commandiret, welcher ins Dorf hineinreitet und mit der Gemeinde sich bespricht, auch der Sauvegarde anweiset, was zuerst genommen werden kann. Zu diesem Geschäft wird alle Tage ein anderer commandirt. In den Dörfern, wo ein Bataillon stehet, ist dieses nicht nöthig, und verrichtet der Commandeur das Geschäft selbst alle Tage.

10) Anfänglich müssen selbst die Zäune geschont werden, und ist den ersten Tag nur das vorräthige Brennholz zu nehmen. Ist es in einer Jahreszeit, wo kein Stroh in den Scheuren ist, so deutet der Staabs-Officier der Gemeinde an, die schlechtesten und baufälligsten Scheuren und Ställe aufzuzeichnen, damit sie von der Sauvegarde den nach Stroh commandirten Officiers angewiesen werden können.

11) Diese Officiere sorgen dafür, daß die angewiesenen Ställe und Scheuren ordentlich abgedeckt, soviel Stroh als nöthig ist, genommen, aber nichts verwüstet werde. Wobey die Officiere ihre Leute zusammenhalten, und für alle Desordres responsable seyn müssen.

12) Jeder commandirte Staabs-Officier überliefert den andern Tag seinem Nachfolger, wie weit es in dem Dorfe gekommen, und in welchem Zustande dieser es finden muß.

13) Fehlet es den andern Tag an Kochholz, die Zäune sind weg, und es ist kein Wald in der Nähe, so wird den Bauern vom Staabs-Officier abermals angesagt, die ältesten Gebäude zum Abbrechen bereit zu halten, und so ferner immer zum Lager-Stroh die schlechtesten Dächer, und zum Brennholz die schlechtesten Gebäude.

14) Die zum Stroh- Holz- und Wasserholen commandirten Officiere, müssen schlechterdings nicht gestatten, daß die Leute in die Häuser gehen, oder Vieh nehmen; auch allemal die strengste Mannszucht und Ordnung dabey halten, weil sie für jeden Unfug repondiren sollen, und Seine Königliche Majestät den geringsten Contraventions Fall auf das allerstrengste ahnden werden.

15) Sobald das Hauptquartier bestimmt ist, so macht der Staabs-Fourier in demselben die Quartiere, nach einer von dem ersten General-Adjutanten unterschriebenen und ihm übergebenen Liste.

16) Wenn das Hauptquartier, wie gewöhnlich, durch 1 oder 2 Bataillons besetzt ist, so müssen so wenig Quartiere wie möglich, den Truppen weggenommen werden, und schlechterdings keiner cantonniren, der nicht auf der Liste des General-Adjutanten stehet.

Für Gefangene, Kranke und blessirte Officiere werden im Haupt-Quartiere einige Häuser in Bereitschaft gehalten.

Wenn das Dorf des Hauptquartiers nicht groß genug ist, wird noch das nächste Dorf mit zur Hülfe genommen.

17) Das Lager selbst wird wie eine Stadt angesehen, in welcher es der wichtigste Gegenstand ist, die strengste Policey und Ordnung sowohl als den größten Ueberfluß an Lebensmitteln sorgfältig zu erhalten.

18) Kein Soldat oder Knecht darf ohne Paß bey harter Strafe einzeln aus einem Regiment in das andere gehen, und wenn Seine Königliche Majest. einen Soldaten oder Knecht in einem fremden Regimente finden werden, so wollen sich Allerhöchstdieselben dieserhalb an den Commandeur des Regiments halten.

19) In Ansehung der Marketender werden die Regimenter auf den XXVIIten Tit. des 8ten Theils des Reglements verwiesen. Selbige campiren zwischen dem Regiment, und der Brandwacht. Wenn auch einzelne Compagnien sich Marketender anschaffen und halten wollen, soll es ihnen gestattet werden, und campiren dergleichen Compagnie-Marketender bey den Kochlöchern hinter der Compagnie.

20) Der General-Auditeur macht die Taxe, nach welcher die Marketender die Victualien verkaufen können; und die Auditeurs der Regimenter sorgen dafür, daß solche nicht überschritten, auch Maas und Gewicht richtig gehalten werde.

21) Die Chaine der Infanterieposten vor dem ersten Treffen, auf den Flanken, und hinter dem zweyten Treffen oder der Reserve, sind als eine Mauer anzusehen, die das Lager umschließt, und darf schlechterdings keiner, er sey Bothe, Knecht, Bediente, oder wer er wolle, durchgelassen werden, sondern wird nach der nächsten Thorwacht gewiesen, wo er sich durch einen Paß legitimiren muß.

22) Es sollen nach Verhältniß der Größe des Lagers, Stellen in der Chaine bestimmt werden, welche als

Thore anzusehen, etwa vorn 2, 3, bis 4, und hinten eben so viel, wo nur allein der Aus- und Eingang im Lager erlaubt ist.

23) Diese Thore werden vorne allemal bey einer Feldwacht, und hinten, wenn kein zweytes Treffen ist, bey einer Brandwacht, auch wo möglich an einer Landstraße, oder Hauptwege angelegt.

24) Die Regimenter des Vordertreffens werden von dem Brigade-Major dergestalt eingetheilt, daß immer eine gewissen Anzahl Regimenter einem der Vorderthore zugetheilt sind, und zur Besatzung der Thorwacht concurriren; auch wird aus diesen Regimentern alle Tage ein Staabs-Officier zur Untersuchung der verdächtigen Ein- und Auspaßirenden, nebst dem Auditeur des Regiments commandirt.

Ein gleiches geschiehet bey dem zweyten Treffen in Ansehung der Hinterthore.

25) Die Feld- oder Brandwacht, wo ein Thor angelegt ist, wird durch einen Capitain, 2 Unterofficiers und 40 Mann verstärkt, der aus den concurrirenden Regimentern täglich mit seiner Mannschaft von einem Regiment nach dem andern commandirt wird.

26) Der Capitain von der Thorwacht giebt von seinen 40 Mann, die mit zur Feld- oder Brandwacht stoßen, weiter keine Schildwacht als 2 vors Gewehr, damit er beständig Leute genug zum verschicken habe. Es verstehet sich von selbst, dass die ganze combinirte Wacht unter seinem Befehle steht.

27) Alle Wege, die zum Lager führen, und nicht durch ein Thor gehen, werden an der Chaine vermöge einer Stange gesperrt.

28) Jedermann, der zu einem Thore herein will und einen gestempelten Zettel von der Deputation des Ober-Krieges-Collegii oder von demjenigen Staabs-Officier aus der Adjudantur, den der commandirende General dazu ernannt hat, vorzeigt, passirt ohne Anstand. Jeden andern examinirt der wachthabende Capitain. Ist er aus der Armee und kann in Beantwortung der ihm geschehenen Fragen bestehen, so läßt ihn der Capitain passiren. Ist es aber ein Fremder, der Geschäfte vorgiebt, so schickt ihn der Capitain mit einem Mann von der Wacht zu dem, bey welchem er Geschäfte zu haben vorgiebt, der ihm einen Schein zurückschicken muß, daß es seine Richtigkeit habe.

29) Hat der fremde Einpassirende gar keine Bekanntschaft, und kann sich durch nichts legitimiren, so schickt ihn der Capitain mit einem Mann von der Wacht an den Staabs-Officier, der die Untersuchung der verdächtigen Leute für das Thor hat; dieser prüft den ihm zugeschickten Menschen mit Hülfe des Auditeurs auf das sorgfältigste. Findet er nichts Verdächtiges an ihm, und er hat weiter keine nothwendige Geschäfte im Lager, so schickt er ihn durch den Mann von der Wacht dem Capitain wieder zurück, der ihn zum Thore hinauslaufen läßt.

Ist der Mensch aber verdächtig, so übersendet ihn der Staabs-Officier der Deputation des Ober-Kriegs-Collegii oder an den hierzu ernannten Staabs-Officier, welche das Weitere verfügen wird.

30) Will ein solcher wieder auspaßiren, so muß er oberwähnten gestempelten Zettel produciren können, sonst wird er arretirt.

31) Der Capitain nimmt alle ihm von Ein- und Auspaßirten vorgezeigte gestempelte Zettel, auf welchen nicht besonders bemerkt stehet, daß die permanent sind, sogleich ab, sammelt sie und übergiebt selbige, wenn er von der Wacht abkömmt, selbst der Deputation des Ober-Krieges-Collegii, oder demjenigen Staabs-Officier, der sie ertheilt hat.

32) Jeder Auspaßirende aber muß einen Schein von einem Bekannten mitbringen, daß er ohne Risico paßiren kann.

33) Den Hinterthoren gegen über werden zwischen beyden Treffen eben so viel große Marktplätze angelegt, als Thore sind.

34) Die Marktplätze werden durch Veranstaltung des Commissariats in Figur eines hinlänglich großen Vierecks von einer großen Parkleine umzogen.

35) Das Commissariat sorgt für die Zufuhr der für die Armee nöthigen Lebensmittel. Es sey aus Königl. Lande durch Veranstaltung der Minister, oder aus des Feindes Land im Rücken der Armee.

36) Der Capitain von der Thorwacht, wo die Landleute und Kaufleute mit Lebensmitteln und andern Bedürfnissen einpassiren, läßt die Wagen durch Leute von der Wacht nach dem Marktplatz hinbegleiten, der nur einen Eingang und einen Ausgang haben muß.

37) Die Marktplätze selbst werden täglich durch eine Wacht von 1 Subaltern- 2 Unter-Officiers, 1 Tambour und 30 Gemeine besetzt. Die Posten dieser Wacht aber folgendergestalt ausgesetzt: An jeder Ecke eine, zwey am Eingang, wo die Wache selbst sich befindet, und zwey am Ausgang.

38) Alle Tage wird auf jeden Marktplatz ein Auditeur commandirt. Dieser hat die Aufsicht, und weiset den Wagen, so wie sie ankommen, die Plätze an, wo sie auffahren sollen. Solches muß allemal so geschehen, daß die Pferdeköpfe auf allen Seiten des Marcktplatzes gegen die Parkleine, die Wagen selbst aber gegen das Innere des Platzes gekehret sind, so daß in der Mitte ein großer viereckigter Raum leer bleibe, zwischen den Pferdeköpfen und der Parkleine aber so viel Platz sey, daß ein Wagen herumfahren könne. So bleiben die Wagen halten, bis die Waaren verkauft sind; alsdann werden sie durch Soldaten von der Wacht, zum Ausgang des Marktplatzes hinaus, und so nach dem Thore hinbegleitet, wo sie hereingekommen, und dem Capitain von der Thorwacht wieder überliefert werden, damit keiner im Lager bleibe, oder kein Spion sich hierbey mit hinein schleichen könne.

39) Der commandirte Auditeur besorgt die Policey und Ordnung auf dem Marktplatze, und kann sich von der Marktwache so viel Mannschaften als er will, ausbitten, um solche zu erhalten.

40) Der General-Policey-Director hat die Ober-Aufsicht über alle Marktplätze der Armee und revidirt selbige täglich. Ihm liget ob, die commandirten Auditeurs anzuweisen, Unordnungen abzustellen, und bey vorfallenden Excessen die Thäter, sogleich arretiren zu laßen. Auch die commandierten Auditeurs laßen jeden Stöhrer der Ordnung sogleich arretiren, und melden ihn an die Behörde.

41) Der General-Auditeur bestimmt nach Pflicht und Gewissen und der größten Billigkeit mit Zuziehung des Commissariats die Markt-Preise; wenn nicht die Lebensmittel von den Ministres auf Königl.

Rechnung im Lande aufgekauft worden; indem sonst die Preise allerdings schon bestimmt sind, und nicht verändert werden können.

42) In allen Fällen muß der General-Auditeur die Preise für die Marketender so einrichten, daß sie nach Verhältniß der Markt-Preise noch etwas profitiren, und bestehen können. Auf Richtigkeit des Maaßes und Gewichts muß aber mit strenger Rigueur gesehen werden.

43) Den Leuten, so auf den Marktplätzen etwas zum Verkauf führen, muß in allen Stücken gut begegnet, und wenn es Landleute aus des Feindes Lande sind, schlechterdings nicht gestattet werden, daß man sie anders behandele, als eigene Unterthanen.

44) Vor dem Lager muß keine Aufkäuferey gestattet werden. Es darf also vor der Chaine niemand an einen Wagen heran gehen, sondern es muß alles auf dem Markt gekauft werden.

Wenn indessen ein Regiment in einer Stadt für seine Leute, Bier, Victualien, Ochsen etc. gekauft hat, so kann es solche frey einbringen, muß damit aber schlechterdings zum Thor hinein, und der Wagen von einem Unter-Officier des Regiments, der mit einem Schein des Commandeurs versehen ist, begleitet seyn.

45) Fußgänger mit Lebensmitteln, Früchten, Brodt, Caffee, Wildpret, Galanterie- und Fabriquen-Waaren, dürfen nicht im Lager herumgehen, damit kein Spion unter diesem Prätext die Feyheit habe, alles zu beobachten, die Truppen nachzuzählen, und ihre Verfassung oder Vorbereitungen zum Aufbruch auszuspähen; sondern dergleichen Leute müssen gleich nach den Markte verwiesen, wenn es

Ausländer sind, oder wenn sie aus Königl. Landen, nach dem Hauptquartier hingelassen, und dort auf der Liste des General-Policey-Directors notirt werden. Jedoch soll es den großen Marketendern oder Kaufleuten, die sich im Hauptquartier aufhalten, erlaubt seyn ihre Leute zum Austragen und Verkaufen ihrer Waare im Lager herumzuschicken. Diese Leute müssen aber schlechterdings mit Pässen von der Deputation des Ober-Krieges-Collegii versehen seyn.

46) Da die Regimenter nach jetzigem Etat, Gemeine-Zelter genug mit sich führen, so werden von den concurrirenden Regimentern die nöthigen Zelter zur Thorwacht sowohl, als zur Marktwacht, zusammen gebracht, und durch das nächste Regiment auf dem Staabswagen mitgeführt.

47) Wenn Dörfer in der Armee liegen, so muß kein Bauer ohne Zettel des darin commandirenden Officiers hinaus oder herein gelassen werden, und muß der Officier bey Austheilung dergleichen Zettel sehr vorsichtig zu Werke gehen.

48) Wenn ein Dorf an der Chaine liegt, besetzt ist, und ein Weg durchgehet, so wird am Ende desselben ein Thor etablirt, und daselbst alles beobachtet, was oben gesagt.

49) Aller dieser Präcautionen ohngeachtet kann es sich doch zutragen, daß verdächtige Leute und Spions sich in das Lager hineinschleichen; deswegen muß der General-Policey-Director fleißig alle Theile des Lagers täglich revidiren, besonders aber des Hauptquartiers, wo gemeinhin ein Zusammenfluß von Menschen allerley Gattung sich aufzuhält, sorgfältig untersuchen, alles Verdächtige sofort aufgreifen lassen, genau abhören, und wenn auch gleich kein Beweiß von böser Absicht vorhanden, jeden unnöthigen Menschen, der seine Nutz- und Brauchbarkeit nicht hinlänglich darthun kann, ohne Anstand unter Begleitung zum Thore hinausschicken.

50) Von allem dem, was sich im Hauptquartier zu gemeinen Nutzen aufhält, führt der General-Policey-Director eine accurate Liste mit den Rubriken: Namen, Stand, woher, Gewerbe in der Armee u. degl.

51) So führen auch alle Regimenter- Bataillons-Batterie-Commandeurs, eine dergleichen Liste von den Leuten, die sich bey ihnen aufhalten, sie mögen seyn wer sie wollen, und übergeben sie dem General-Policey-Director; zeigen es ihm auch jedesmal an, wenn einer von diesen Leuten abgehet, oder einer hinzukömmt, damit er auf der Hauptliste des General-Policey-Directors zugeschrieben oder gestrichen werden könne.

52) Von allen diesen Listen formirt der General-Policey-Director eine Hauptliste, die immerfort fleißig nachgetragen, und äußerst accurat geführt werden muß. Eine Abschrift dieser Liste übergiebt er alle 14 Tage an die Deputation des Ober-Krieges-Collegii, oder an denjenigen Staabs-Officier der Adjudantur, dem der commandirende General die Ober-Aufsicht der Ordnung bey der Armee übertragen wird.

Eine gleiche Anzeige müssen die Adjutanten der Generals von den Leuten, die sich in der Suite ihrer Generals aufhalten, an den General-Policey-Director thun.

53) Die Beobachtung und Festhaltung aller dieser Punkte empfehlen Se. Königl. Majestät allen Ober- und Unterofficiers, Soldaten, und Knechten Dero Armee und allen und jeden, die sich dabey aufhalten, auf das ernstlichste; und wollen Allerhöchstdieselben die darin angeordnete innere Policey der Ober-Aufsicht der Deputation des Ober-Krieges-Collegii bey Dero Armee, bey den andern Armeen aber, einem Staabs-Officier von Dero Adjudantur bey Dero Armee; bey den andern Armee aber einem Staabsofficier von der Adjutantur besonders übergeben, mit dem so gnädigen als ausdrücklichen Auftrage, Allerhöchsdenenselben jeden erheblichen Contraventionsfall ohne Anstand anzuzeigen, damit der Uebertreter zum Beyspiel anderer exemplarisch bestraft werden könne.

Berlin den 12ten Martii 1790

Friederich Wilhelm

(L.S.)

v.Möllendorf   v.Rohdich

44

dern Armeen aber, einem Staabs-
officier von der Adjutantur besonders übergeben, mit dem so gnädigen als ausdrücklichen Auftrage, Al-
lerhöchstdenenselben jeden erheblichen Contraventionsfall ohne Anstand anzuzeigen, damit der Uebertreter zum Beyspiel anderer exemplarisch bestraft werden könne.
Berlin, den 12. Martii 1790.

Friedrich Wilhelm.

v. Möllendorf. v. Rohdich.

Faksimile der letzten Seite

Auszüge aus den Infanterie-Reglements[1]

Zehnter Theil

Titul. II

Was auf dem Marsche mit dem Regiment zu observiren ist

Art. 1

Wenn ein Regiment oder Bataillon (*Bataillon*) während dem Marsch durch eine Festung, oder überhaupt durch eine Stadt, es mag Garnison darinn liegen oder nicht, marschiret, so muß solches allemal in gehöriger Ordnung guter Ordnung geschehen.

Die Officiere steigen von den Pferden, nehmen das Sponton (*ziehen den Degen*) und marschiren vor ihrem Zuge, welcher ordentlich Tritt halten muß.

Es muß nicht gelitten werden, daß Soldaten aus den Zügen treten und in die Häuser laufen, weder zum Trinken, noch um sich Brodt oder dergleichen zu kaufen, als welches auch bey den Durchmärschen durch Dörfer nicht gestattet werden muß. Bey dem Durchmarsch durch eine Stadt muß auch kein Soldatenweib sich sehen lassen, sondern sie müssen während dieser Zeit bey der Bagage bleiben.

Dies nehmliche ist zu observiren, wenn eine einzelne Compagnie durch die Stadt marschirt.

---

[1] a) Reglement für die Königlich Preußische Infanterie (Berlin 13.09.1788) und b) Reglement für die Königl. Preuß. leichte Infanterie (Berlin 24.02.1788). Der Text stammt von a), die Unterschiede im leichten Reglement sind kursiv eingefügt und die betroffenen Textteilen des Linien-Reglements grau hinterlegt.

Art. 2

Wenn ein Regiment oder Bataillon (*Bataillon*) durch ein Hauptquartier, oder auch durch ein anderes besetztes Dorf marschirt, so soll solches, wenn es nicht anders befohlen worden, mit klingendem Spiel geschehen; die Officiere steigen allemal vom Pferde.

Wenn hingegen durch ein unbesetztes Dorf marschirt wird, bleiben die Officiere zu Pferde, und bloß ein Tambour vom Regiment (*Bataillon*) schlägt den Feldmarsch.

Obiges ist gleichfalls auch von einer Compagnie zu verstehen.

Art. 3

Es mag ein Regiment, oder (-) Bataillon, oder bloß eine Compagnie marschiren, so müssen allemal, sowohl beym Aus- als Einmarsch in die Quartiere, sämmtliche Officiere bey ihren Leuten seyn, und niemand voraus reiten oder zurück bleiben, auch muß kein Soldat aus seinem Zuge treten; wenn jemand aber marode wird, muß bei ihm ein Unter-Officier gelassen und er zur Bagage gebracht werden, wo er vom Unter-Officier abgeliefert wird, welcher hiernächst wiederum zum Regiment oder (-) Bataillon gehet und daselbst eintritt. Auch müssen die Officiere nicht zugeben, daß die Leute auf dem Marsch, absonderlich bey heißem Wetter, trinken, und ihnen Getränk von den Weibern zugebracht werde.

Art. 4

Wenn auf einem Marsch Rendez-Vous gehalten werden soll, so muß Abends vorher ein Fourier, oder anderer guter Unter-Officier dahin geschickt werden, welcher besorgen muß, daß Bier und Brodt zum Verkauf dorthin gebracht werde, damit Niemand nöthig habe, vom Gewehr fort und ins Dorf zu laufen.

Art. 5

Auf allen Märschen, sowohl innerhalb als außerhalb Landes, müssen die unsichern und etwas liederlichen Leute, wenn ein Regiment, (-) Bataillon oder Compagnie in den Städten oder Dörfern die Nacht zu liegen kömmt, bey gute Unter-Officiere oder Gefreyte gelegt werden, welche auf selbige Acht zu geben haben, und sie des Morgens bey Stellung der Compagnie dorthin bringen müssen.

Achter Theil

Titul. XXVII (*XXIV*)

Wie es in Ansehung der Marketender bey den Regimentern und (*Füselier-*) Bataillons gehalten werden soll.

Art. 1

Wenn ein Regiment (*Füselier-Bataillon*) in Campagne marschirt, so hat es sich wo möglich per Bataillon mit einem, oder doch wenigstens per Regiment mit 2 guten Marketendern, deren einer bey den Musketier-Bataillons und einer bey dem Grenadier-Bataillon bleibt, (-) zu versehen.

Solche Marketender müssen (*, welcher*) aber nicht etwa blos (*sowol*) Delicatessen bey sich führen (*hat*), sondern (*als*) vielmehr (*solche*) Waaren, die zu den Bedürfnissen des Lebens am nöthigsten sind, als Erbsen, Linsen, Grütze, Graupe, Salz, Butter, Käse, Speck, Toback, Brandtwein und dergleichen. Für diese Leute muß auch sowohl in Ansehung ihrer Sicherheit, als in Betracht, der möglichsten Bequemlichkeit ihres Handels, gesorgt werden.

Wenn ein Regiment oder (*das*) Bataillon cantonirt, kann ihnen ein kleines Quartier ohnweit der Wacht gegeben werden.

Wenn aber das Regiment (*Bataillon*) im Lager steht, können sie ein Zelt ohnweit der Brandwacht aufschlagen, oder sich alldort eine Hütte bauen.

Auf dem Marsch bleiben sie bey der Bagage, und es ist ihrem Wagen erlaubt hinter den Brodwagen des Bataillons zu fahren. (*Wenn das Bataillon seine Bagage fortschickt, bleiben sie allemal bey derselben*).

Art. 2

Den Soldaten-Weibern ist das Marketendern gleichfalls erlaubt, auch kann ein Grenadier oder Musketier (*Füselier*) ausser seinem Dienst seiner Frau aßistiren und Speck, Butter, Käse und dergleichen (*etc. etc.*) verkaufen, auch davon, so viel er auf dem Marsch bey sich führen und tragen kann, mitnehmen und verkaufen, es muß ihn aber nicht hindern in Reihe und Glied zu bleiben und alles Hin- und Herlaufen bleibt ihm untersagt, wie er denn auch alle seine übrigen Dienste eben so, wie ein anderer Soldat thun muß, und auf seinen Handel in diesem Betracht keine Rücksicht zu nehmen ist.

Art. 3

Der General-Auditeur soll das Maaß und Gewicht, auch die Taxe von Bier und Fleisch reguliren und dafür verantwortlich seyn (*repondiren*), dass solche Taxe nach Billigkeit gemacht werde, damit einerseits die Marketender dabey bestehen können, andererseits aber der Soldat nicht leide und zu klagen Ursach habe.

Von jedem Marketender (*bey*) der Armee erhält der General-Auditeur monatlich 16 Gr.

Art. 4

Auf andere Leute, die Lebensmittel ins Lager oder zur Armee bringen, muß man zwar ein wachsames Auge richten, und solche gehörig examiniren, damit unter diesem Vorwand sich keine Spione (*Espione*) einschleichen; indessen müssen sie allemal gut behandelt, und nie geplündert, bestohlen, oder betrogen werden.

Art. 5

Es muß darauf gesehen werden, daß die Marketender keine liederliche Weibsbilder halten, wodurch sich Krankheiten in der Armee einschleichen können.

<u>An Reglements, Instruktionen und Verordnungen sind bisher erschienen:</u>

Das churfürstliche Werbemandat vom 21sten April 1792
(Heft 4 der Reihe Beiträge zur sächsischen Militärgeschichte zwischen 1793 und 1813)

Allgemeine Dienstregeln für die Unterofficiers der Churfürstlich Sächsischen Infanterie vom Jahre 1802
(Heft 11 der Reihe Beiträge zur sächsischen Militärgeschichte zwischen 1793 und 1813)

Unterricht für die Scharfschützen bey der Churfürstlich Sächsischen Infanterie vom Jahre 1804
(Heft 17 der Reihe Beiträge zur sächsischen Militärgeschichte zwischen 1793 und 1813)

Reglement für die Königlich Sächsische leichte Infanterie zu den Uebungen außer der geschlossenen Ordnung vom Jahre 1810
(Heft 18 der Reihe Beiträge zur sächsischen Militärgeschichte zwischen 1793 und 1813)

Instruction für die Cavallerie-Regimenter betreffend die Ordnung und Mannszucht im Felde gegeben zu Berlin den 12.03.1790

<u>Für weitere Informationen:</u>

www.oberst-lieutenants-compagnie.de